그림과 스티커로
체험하는
미래직업

그림과 스티커로 체험하는 미래직업

팝팝북

그림과 스티커로 체험하는

팝팝진로맵연구소

이 책은 미래 직업 정보, 직업에 필요한 적성과 능력에 대해 알려 주어요. 일하는 현장을 그림으로 배우고, 직업인의 복장과 도구를 스티커로 완성해 볼 수 있어요.

20가지의 미래 직업을 3개의 주제로 분류했어요. 4차산업혁명의 핵심 기술과 관련된 직업, 환경과 인간을 생각하는 직업 그리고 콘텐츠와 창의력으로 승부하는 직업으로 구성한 다음, 꼭 알아야 할 내용을 정리했어요.

미래 유망 직업을 아래의 단계로 체험하면서 나의 개성과 능력을 발휘할 직업은 어떤 것이 있는지 찾아보세요. 직업탐색으로 직업에 대해 관심과 흥미를 가진다면 진로의 첫걸음이 될 수 있어요.

이 책의 단계별 구성

- **1단계 직업 여행** 미래 직업에 대한 정보와 하는 일에 대해 알아보아요.
- **2단계 현장 체험** 직업인들이 일하는 다양한 현장과 사례들을 그림으로 체험해요.
- **3단계 직업 체험** 미래 직업인이 복장과 도구를 갖추고 일하는 모습을 스티커로 완성해요.
- **4단계 진로탐색** 직업에 필요한 적성과 능력을 알아보고, 내가 해보고 싶은 일은 무엇인지 생각해요.

* 각 직업에 대한 더 자세한 정보를 원한다면 QR 코드를 활용하세요.

* 이 책의 마지막 페이지에 있는 드론과 3D프린터기의 구조와 명칭을 알려 주는 그림을 참고하세요.

차례

정보통신기술
사물인터넷전문가 · 6 | 가상현실전문가 · 8 | 드론조종사 · 10
자율주행자동차개발자 · 12 | 웨어러블전문가 · 14 | 3D프린팅전문가 · 16

환경과 인간
미래농업전문가 · 18 | 신재생에너지전문가 · 20 | 재난재해전문가 · 22
우주비행사 · 24 | 생체로봇외과의사 · 26 | 생명공학자 · 28
노년플래너 · 30 | 수의사 · 32

콘텐츠와 창의력
1인크리에이터 · 34 | 웹툰작가 · 36 | 배우 · 38
패션디자이너 · 40 | 건축가 · 42 | 1인창업가 · 44

01 사물인터넷전문가

사물인터넷이란 무엇일까요?

한마디로 사물끼리 대화를 하는 것이라고 할 수 있어요. 사람이 개입하지 않아도 정보를 감지하고 연결하는 센서가 부착된 사물들이 인터넷을 통해 서로 데이터를 주고받는 거예요. 사물인터넷으로 집 안의 에어컨이 자동으로 켜지며 적정한 실내 온도를 유지하고, 냉장고가 부족한 식재료를 주문하고 메뉴를 추천해 주는 일들이 가능해져요. 버스가 오는 시간을 알 수 있는 것도 사물인터넷 덕분이에요.

사물인터넷전문가는 어떤 일을 할까요?

사물들에 연결할 수 있는 센서를 개발해요. 센서가 수집한 정보를 스마트 기기로 전송해서 사물, 인간, 공간을 연결하는 앱을 만들어요. 시스템이 오류 없이 작동하도록 관리하는 일도 해요. 4차산업혁명시대를 이끌어 갈 핵심적인 기술인 사물인터넷으로 더욱 편리한 세상을 만들 수 있어요. 하지만 사생활 침해나 해킹으로 인한 정보 유출이 되지 않도록 관리를 잘해야 해요.

그림으로 보는 '일하는 현장'

냉장고가 메뉴를 추천해요.

집에 누군가 침입하면 경보가 울려요.

자동차 문이 저절로 열려요.

사물인터넷으로 연결된 사물들이 제대로 작동하는지 시험하고 있는 전문가의 모습을 스티커로 완성해 보세요.

> **적성과 능력**
>
> 분석과 추리를 잘하고 도전적인 성격이 적합해요. 사물인터넷 기술을 개발하고 실제 적용하기 위해서는 전산 능력과 창의력이 필요해요. 평소 주변을 잘 관찰하면서 우리 생활을 편리하게 해 줄 만한 아이디어를 구상하는 습관을 가지면 좋아요.

02 가상현실전문가

가상현실이란 무엇일까요?
현실처럼 만들어진 공간과 시간대를 체험해 볼 수 있는 것을 가상현실이라고 해요. 주로 게임이나 영화에서 체험할 수 있어요. 전용 안경만 쓰면 영화 속에서 물건이나 인물이 튀어나오기도 하고, 운동경기를 실제처럼 할 수 있어요.

가상현실전문가는 어떤 일을 할까요?
컴퓨터 프로그램을 이용해 가상의 공간을 현실처럼 만들어 내어 다양한 분야에 적용해요. 인터넷을 통해 상품을 구경하거나 매장을 둘러볼 수 있는 쇼핑몰을 만들어요. 미술관이나 전시회를 만들어 작품을 마음껏 감상할 수 있게 해 주어요. 심리 치료나 가상 수술 등 의료에 활용하고 군사 훈련, 교육에도 적용할 수 있어요. 실생활에 활용하는 것 외에도 영화에서나 볼 수 있을 법한 세상을 만들어 내기 위해 상상력과 아이디어를 동원해야 해요.

그림으로 보는 '일하는 현장'

스키를 타는 게임을 즐겨요.

인터넷 쇼핑몰에서 가상으로 옷을 입어 보며 쇼핑해요.

수술 연습을 하고 있어요.

가상현실을 시험해 보고 있는 전문가의 모습을 스티커로 완성해 보세요.

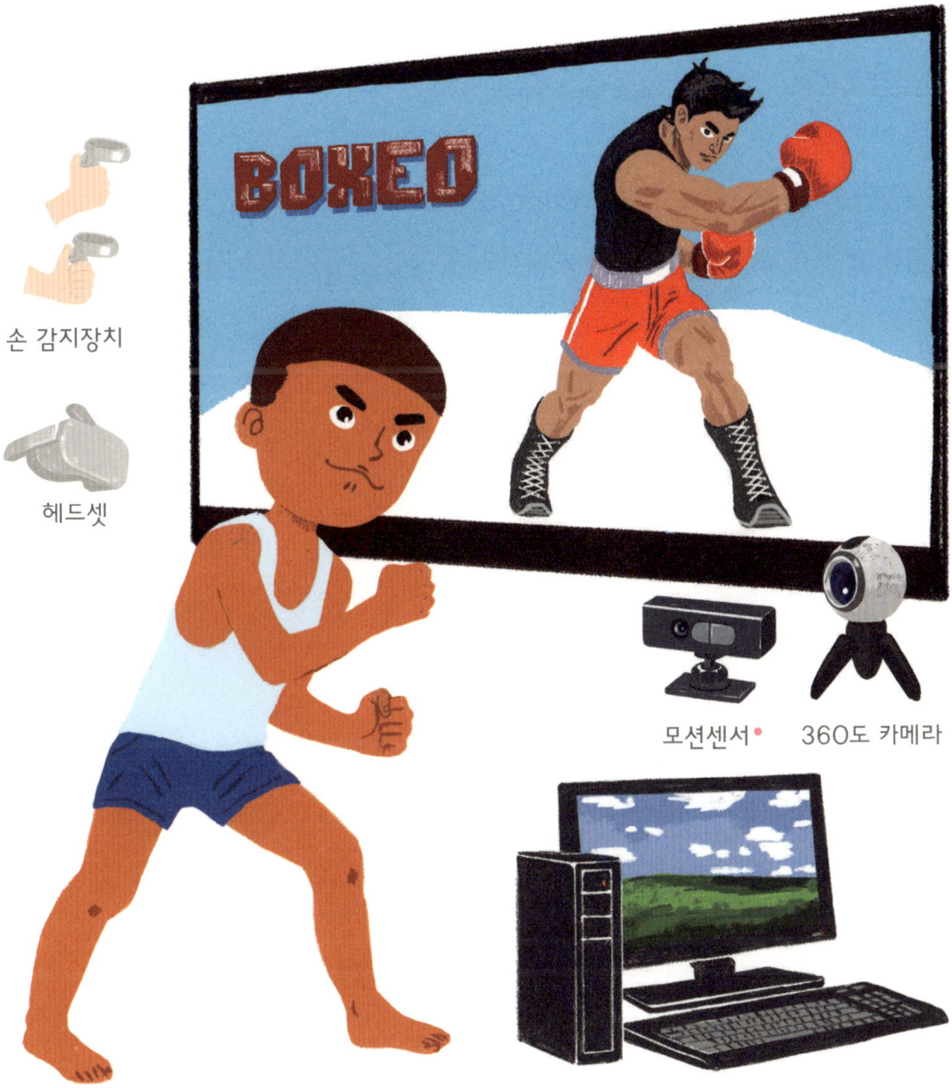

손 감지장치

헤드셋

모션센서   360도 카메라

● 모션센서 : 물체의 움직임과 위치를 인식하고 입력하는 도구

> ### 적성과 능력
> 집중력과 인내심이 있고 도전하기를 좋아하는 성격이 적합해요. 수리력과 분석력이 필요해요. 가상현실을 만들어 내어 현실에 적용하기 때문에 응용력과 창의력이 있어야 해요. 과학, 미술, 음악, 역사, 사회 등 다양한 분야에 대한 공부를 해야 해요.

03 드론조종사

드론이란 무엇일까요?

무선으로 조종할 수 있는 무인 항공기를 말해요. 사람이 타지 않기 때문에 드론의 크기는 아주 작은 것부터 시작해서 다양해요. 작은 물체가 벌처럼 윙윙거리며 날아다닌다고 드론이라는 이름을 붙였다고 해요.

드론조종사는 어떤 일을 할까요?

드론은 원래 군사용으로 개발되어 미사일을 장착한 공격기로 사용하거나 적군의 정찰용으로 사용했어요. 2000년대 중반부터 드론은 일반인들을 위한 일에 다양하게 사용되었어요. 지진이나 산불 현장처럼 위험한 곳에 투입되기도 하고, 카메라를 설치해서 높은 곳에서 사진을 촬영하는 일도 해요. 드론을 이용한 배달도 시작하고 있어요.
드론조종사는 드론에 대한 지식은 물론 조종 기술을 익혀야 해요. 자동 운행을 하는 경우가 있기 때문에 프로그래밍에 대해서 알아야 해요. 비행 외에도 항공법, 날씨 변화, 안전규제에 대해서 알고 있어야 해요.

그림으로 보는 '일하는 현장'

물에 빠진 사람을 구조해요.

넓은 논밭에 농약을 살포해요.

산불 현장을 탐색하며 촬영해요.

드론을 조종하고 있는 조종사의 모습을 스티커로 완성해 보세요.

> **적성과 능력**
> 호기심 많고 도전적인 성격이 적합해요. 드론을 조종할 때 생기는 여러 가지 위험한 상황에 대처할 판단력과 공간지각력이 필요해요. 안전수칙을 철저하게 지키고 사생활에 피해가 가지 않도록 조심해야 해요.

04 자율주행자동차개발자

자율주행자동차란 무엇인가요?

운전자 없이도 도로와 주변 차량에 대한 상황을 판단해서 주행하는 차를 말해요. 방해물, 혹은 도로 사정에 맞추어 스스로 속도를 줄이거나 높일 수 있어요. 영화 〈트랜스포머〉에서 사람처럼 말하고 알아서 달리는 자동차 로봇을 생각하면 금방 이해할 수 있을 거예요.

자율주행자동차개발자는 어떤 일을 할까요?

인공지능, 빅데이터, 사물인터넷 등 다양한 첨단기술을 적용해서 자율주행자동차를 만들어요. 따라서 센서개발자, GPS, 소프트웨어 프로그래머, 로봇공학자 등 전문가들과 함께 일해요. 교통시스템을 바탕으로 자동차의 주행 경로를 설정해요. 제품이 완성되면 주변 상황을 인지하고 기계적인 조작과 제어가 잘 이루어지는지 확인하고 보완해요.

그림으로 보는 '일하는 현장'

자동차 사이의 거리를 자동으로 유지해요.

운전자가 다른 일을 할 수 있어요.

변신하는 자동차를 개발할 수 있어요.

자율주행자동차를 설계하고 있는 개발자의 모습을 스티커로 완성해 보세요.

> **적성과 능력**
>
> 도전적이고 분석적이며, 책임감 있는 성격이 적합해요. 테스트와 분석을 반복하는 일을 하기 때문에 인내심도 있어야 해요. 논리적 사고와 문제해결력을 가져야 해요. 자율주행자동차 운행은 사람의 생명과도 연결되기 때문에 신중해야 하고, 전문 기술을 배우기 위해 많은 공부를 해야 해요.

05 웨어러블전문가

웨어러블은 무엇일까요?

웨어러블은 몸에 착용하는 컴퓨터라고 할 수 있어요. 시계나 헤드셋에서 시작해서 팔찌, 안경, 운동화를 예로 들 수 있어요. 이외에도 사람의 몸 상태를 알 수 있는 옷이 개발되고 있어요. 재활 치료를 할 때 내 몸처럼 움직이는 손이나 발 같은 웨어러블 기기도 있어요.

웨어러블전문가는 어떤 일을 할까요?

웨어러블에 스마트 기기들을 연결해서 다양한 기능을 할 수 있게 만들어요. 센서, 디자인, 소프트웨어 프로그래밍 등 여러 영역의 전문가들과 함께 작업해요.

영화 <아이언맨>의 웨어러블 로봇과도 같은 인간의 신체를 대신하는 웨어러블 기기를 개발해요. 인간의 신체 활동과 건강 정보를 파악해서 기능을 올려 줄 수 있도록 만들어요. 우주환경에 맞는 작업을 할 수 있는 우주복은 최고의 웨어러블로 꼽히고 있어요.

그림으로 보는 '일하는 현장'

스마트 안경으로 컴퓨터 작업을 해요.

스마트 의류로 건강 상태를 체크해요.

로봇 다리로 재활 치료를 해요.

웨어러블 로봇의 기능을 확인하고 있는 전문가의 모습을 스티커로 완성해 보세요.

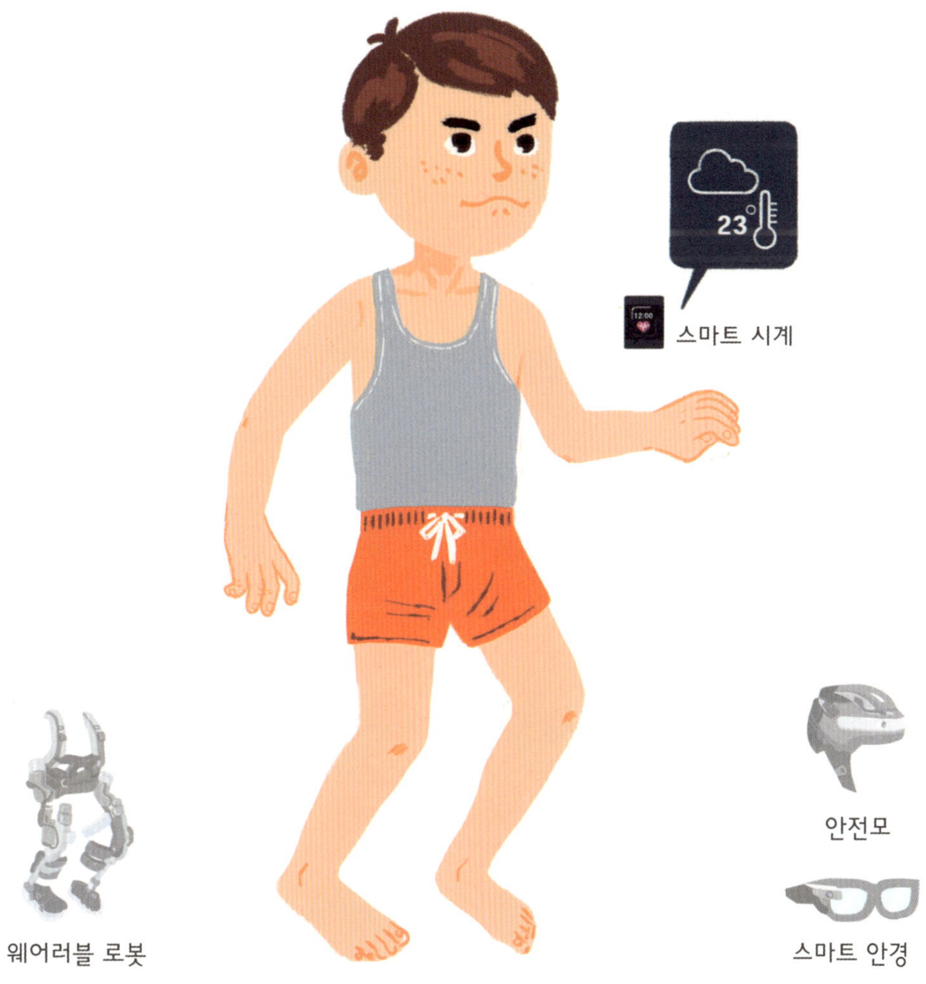

스마트 시계

웨어러블 로봇

안전모

스마트 안경

> **적성과 능력**
> 분석적이고 인내심 있는 성격이 적합해요. 웨어러블 기기를 사용자와 용도에 맞게 개발하려면 창의력과 수리력, 문제해결력이 필요해요. 인간의 신체를 대신하기도 하고, 건강을 관리하는 등의 기기를 개발하기 때문에 많은 공부를 해야 해요.

06 3D프린팅전문가

3D프린팅이란 무엇일까요?

3D프린팅이란 일반 프린터기가 글이나 그림을 종이에 똑같이 인쇄하는 것처럼 물건이 만들어져 나오는 것을 말해요. 3D프린터는 초기에는 플라스틱을 원료로 자동차나 기계의 부속품을 만들어 냈어요. 이제는 자동차나 무인비행기, 건물 같은 커다란 물건도 만들 수 있어요. 약과 옷, 음식, 인간의 몸을 대신하는 인공 장기도 만들어요.

3D프린팅전문가는 어떤 일을 할까요?

먼저 3D프린터로 만들 제품을 설계하고 제품에 맞는 소재를 찾아요. 설계한 도면이 프린트 될 수 있도록 데이터로 변환하고 입력시키는 작업을 해요. 프린트에 성공했다면 제품이 완전해지도록 색을 칠하거나 조립, 가공하는 후작업도 해 주어야 해요.

그림으로 보는 '일하는 현장'

장난감을 만들어요.

집을 만들어요.

인공 장기를 만들어요.

3D프린터로 음식을 만들고 있는 전문가의 모습을 스티커로 완성해 보세요.

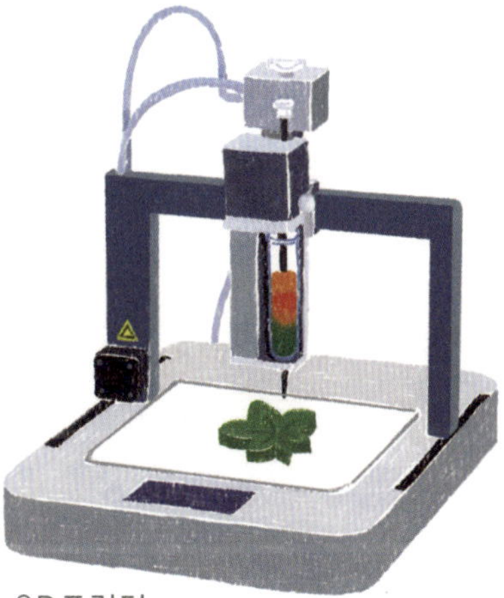

3D프린터

필라멘트

● 필라멘트 : 3D프린터로 원하는 것을 만들게 해 주는 재료

> ### 적성과 능력
> 다양한 제품을 만들기 위해서는 꼼꼼하고 끈기 있는 성격이 적합해요. 공간지각력과 집중력이 필요해요. 혁신적인 제품을 만들 수 있는 상상력과 창의력을 가져야 해요. 소비자가 원하는 제품을 만들 수 있도록 자료를 모으고 정보를 분석할 줄 알아야 해요.

07 미래농업전문가

미래농업이란 무엇일까요?

데이터 분석을 통해 과학적인 농업을 하는 것을 말해요. 4차산업혁명 기술인 정보통신과 사물인터넷을 접목해서 설계한 시스템으로 농작물을 재배해요. 원격으로도 농작물의 생육 상태나 환경을 제어할 수 있어요. 스마트폰 하나로 온도, 습도, 일조량, 이산화탄소 등을 조절할 수 있으니 편리하면서도 효율적이에요.

미래농업전문가는 어떤 일을 할까요?

농업 기술과 농작물 재배에 관한 공부를 해야 해요. 정보통신을 활용한다고 하더라도 가장 중요한 것은 농업이에요. 농작물에 맞는 환경을 만들고 예산과 경비 관리, 홍보까지도 신경 써야 해요.

아파트형 식물공장을 개발하면 계절에 관계없이 1년 내내 생산이 가능해요. 많은 사람을 동원하지 않고도 대량생산을 할 수 있어요.

그림으로 보는 '일하는 현장'

아파트형으로 식물을 재배해요.

스마트폰으로 온도, 습도, 일조량을 체크해요.

농작물의 재배 과정을 로봇이 관리해요.

대형 농장을 관리하고 있는 전문가의 모습을 스티커로 완성해 보세요.

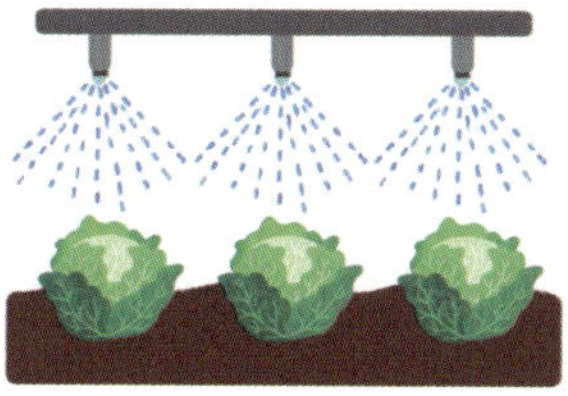

농약살포기

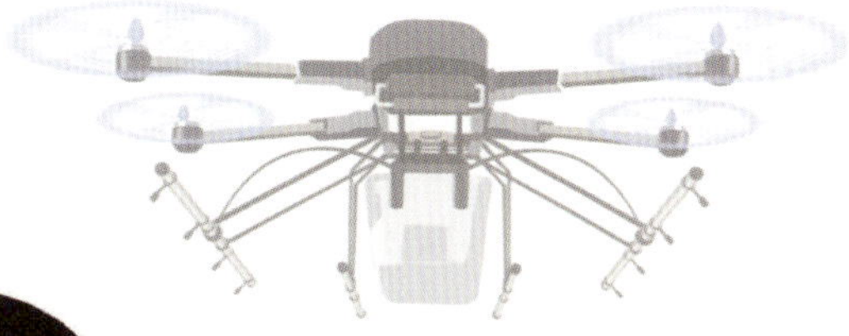

드론

> **적성과 능력**
> 식물 재배나 관리를 좋아하고, 진취적이면서 협동심 있는 성격이 적합해요. 정보통신기술을 잘 활용하려면 분석적이면서 문제해결력과 의사소통 능력이 필요해요. 드론을 이용하는 작업이 많아질 것이기 때문에 드론 국가자격증을 따는 것도 좋아요.

08 신재생에너지전문가

신재생에너지란 무엇일까요?

태양열, 풍력, 폐기물에너지, 연료전지, 수소에너지와 같은 자연과 폐자원을 통해 얻을 수 있는 것을 신재생에너지라고 해요. 오염 물질이나 이산화탄소 배출이 적어 친환경적이에요. 우리가 현재 사용하고 있는 석유, 천연가스 등의 화석 연료 에너지는 수십 년밖에 사용할 수 없어요. 그래서 신재생에너지 개발이 꼭 필요해요.

신재생에너지전문가는 어떤 일을 할까요?

친환경적이고 지속적으로 공급할 수 있는 신재생에너지를 연구하고 개발하는 일을 해요. 연구가 진행되어 마무리 되면 생산 시스템을 만들고 관리해요. 안전하게 이용하기 위한 기술을 연구, 개발하며 안전성 인증을 해요. 에너지를 과하게 사용할 때 일어날 수 있는 문제를 해결하기 위한 방법들도 연구해요.
이산화탄소로 인한 환경오염과 지구온난화 문제를 해결할 신재생에너지를 찾고 개발하는 전문가의 역할이 갈수록 중요해지고 있어요.

그림으로 보는 '일하는 현장'

태양열을 이용한 주택을 공급해요.

생활폐기물, 음식물쓰레기를 소각해서 폐기물에너지를 만들어요.

바다에서 밀물과 썰물을 이용한 조력에너지를 만들어요.

풍력 발전기 아래에서 일하고 있는 전문가의 모습을 스티커로 완성해 보세요.

소음 측정기

풍속계

> **적성과 능력**
> 분석적, 혁신적이며 책임감이 강한 성격이 적합해요. 오랜 시간 연구하기 위해 인내심과 끈기도 갖추어야 해요. 부족한 에너지 자원에 관심을 가지고 새로운 에너지를 개발하기 위해 탐구심이 필요해요. 신재생에너지의 범위가 넓고 다양하기 때문에 전문 지식과 경험을 쌓아야 해요.

09 재난재해전문가

재난재해란 무엇일까요?

지진, 태풍, 홍수, 화산 폭발 등의 자연재해와 화재, 건물 붕괴, 자동차 사고, 전염병 등의 인재를 재해라고 해요. 코로나와 같이 국가적으로 대처할 만큼 큰 피해가 생길 때는 재난이라고 해요. 사회가 발전하고 환경이 파괴되면서 자연재해와 인재로 인한 사고가 갈수록 많아지고 있어요.

재난재해전문가는 어떤 일을 할까요?

여러 가지 재난에 대비할 수 있는 계획을 세우고 행동 매뉴얼을 만들어요. 화재나 지진 등 상황에 맞는 대처 방법은 많은 사람들을 살릴 수 있어요. 지진 감지, 수색로봇, 경보시스템 등을 이용해 재난을 예방해요. 재난이 발생하면 상황을 사람들에게 알리고 대응해요. 그리고 피해를 극복하고 복구하는 일을 지원해요.

그림으로 보는 '일하는 현장'

지진이 발생한 지역을 조사해요.

홍수 피해 지역에서 구조 작업을 해요.

방사능이 발생한 위험 지역을 조사해요.

재난재해 상황을 확인하며 현장으로 출동하는 전문가의 모습을 스티커로 완성해 보세요.

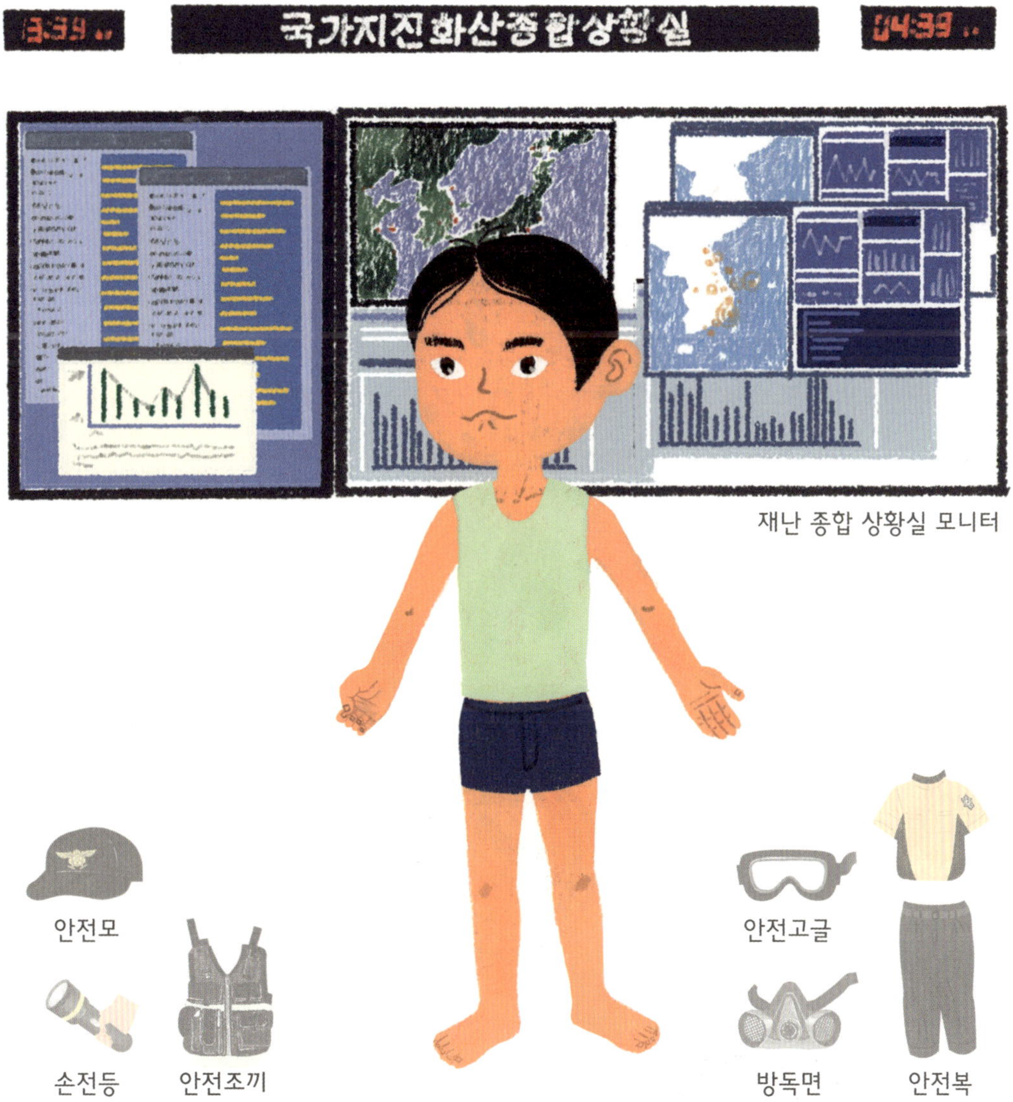

재난 종합 상황실 모니터

안전모
손전등   안전조끼
안전고글
방독면   안전복

> **적성과 능력**
> 배려심과 책임감, 그리고 인내심이 있는 성격이 적합해요. 안전의식이 투철하고 사명감, 봉사정신, 성실함과 리더십이 필요해요. 스트레스를 견딜 수 있는 정신력을 갖추어야 해요. 재난과 안전에 대한 전문지식뿐 아니라 정보통신기술에 능숙하면 좋아요.

23

10 우주비행사

우주비행사에 대해 알아볼까요?
우주비행선을 타고 미지의 공간인 우주를 개척하기 위해 여러 가지 임무를 수행하는 사람을 말해요. 우리나라는 2008년 첫 우주비행사가 성공적으로 우주비행을 마쳤어요. 각종 실험을 하기 위해 과학자와 엔지니어 들이 우주를 비행했어요. 이제 곧 일반인들도 우주여행이 가능해질 거예요.

우주비행사는 어떤 일을 할까요?
우주를 비행하는 사람들은 각자의 임무가 있어요. 선장은 우주왕복선의 비행을 지휘하고 승무원의 안전을 책임져요. 파일럿은 선장을 도우며 우주선을 조종하는 일을 해요. 엔지니어는 우주선의 시스템을 관리하고 인공위성이나 우주정거장을 수리하는 일을 해요. 과학자들은 우주정거장에 머물며 실험을 해요. 우주비행사로 선발되면 우주에 적응할 수 있는 전문적인 훈련을 받아요.

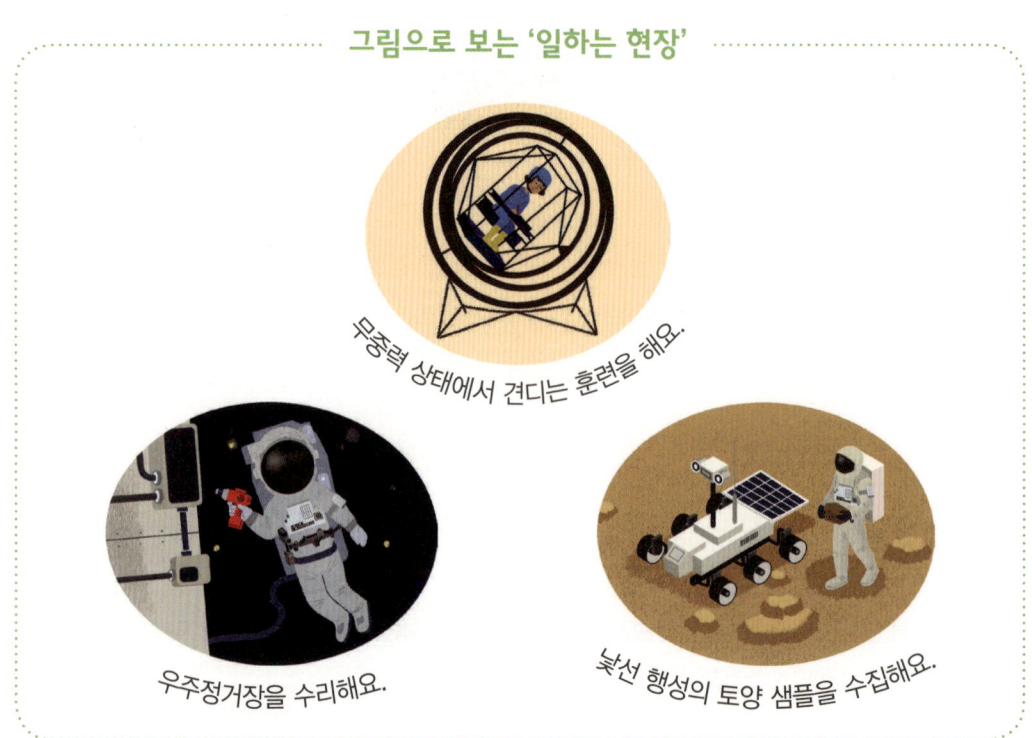

그림으로 보는 '일하는 현장'

무중력 상태에서 견디는 훈련을 해요.

우주정거장을 수리해요.

낯선 행성의 토양 샘플을 수집해요.

우주복을 입고 우주를 탐험 중인 비행사의 모습을 스티커로 완성해 보세요.

탐사로봇

쿨링수트

우주복   헬멧

● 쿨링수트 : 안쪽의 얇은 튜브로 냉각수가 흘러 체온을 조절, 우주복 안에 입는 옷

> **적성과 능력**
> 책임감과 협동심이 강한 성격이 적합해요. 우주에서 스트레스를 이길 수 있는 강인한 정신력이 필요해요. 판단력과 의사소통 능력이 뛰어나야 해요. 우주정거장에는 여러 나라의 전문가들이 모이기 때문에 외국어, 특히 영어를 잘해야 해요.

11 생체로봇외과의사

생체로봇이란 무엇일까요?
인간, 곤충, 물고기 등의 기본 구조와 운동 원리를 모방해서 움직이도록 만든 로봇을 말해요. 사람의 손이 닿기 어려운 부위를 생체로봇으로 수술할 수 있어요. 4차산업혁명의 정보통신기술과 의료 서비스가 만나 가능해진 일이라고 할 수 있어요.

생체로봇외과의사는 어떤 일을 할까요?
로봇을 이용하여 고도의 정밀한 수술을 해요. 신체의 일부를 생체로봇으로 바꾸는 신체장애 치료도 해요. 로봇으로 만들어진 신체의 일부가 미세한 신경까지 잘 움직이도록 수술하고 관리해요.

수술에 맞는 로봇을 결정하고 로봇의 작동 범위, 동작 등을 익혀요. 로봇의 각종 장치에 대해 잘 알아야 해요. 수술 시뮬레이션을 통해 수정하고 보완할 점을 파악해서 개발자에게 정보를 제공해요.

그림으로 보는 '일하는 현장'

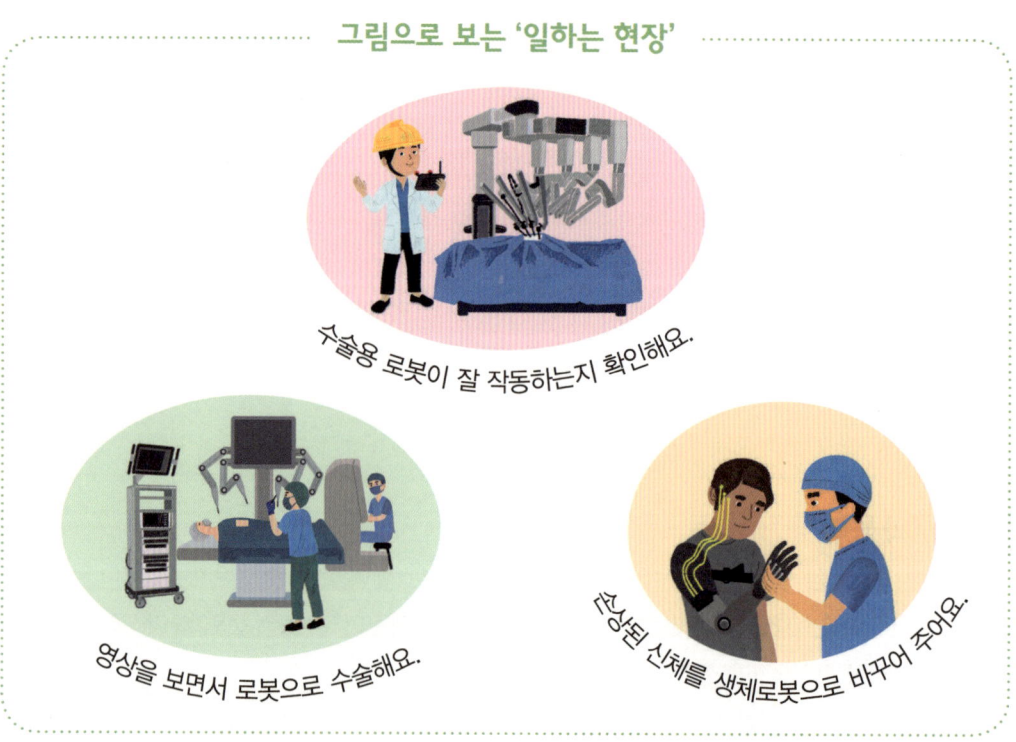

수술용 로봇이 잘 작동하는지 확인해요.

영상을 보면서 로봇으로 수술해요.

손상된 신체를 생체로봇으로 바꾸어 주어요.

생체로봇으로 수술 준비를 하는 외과의사의 모습을 스티커로 완성해 보세요.

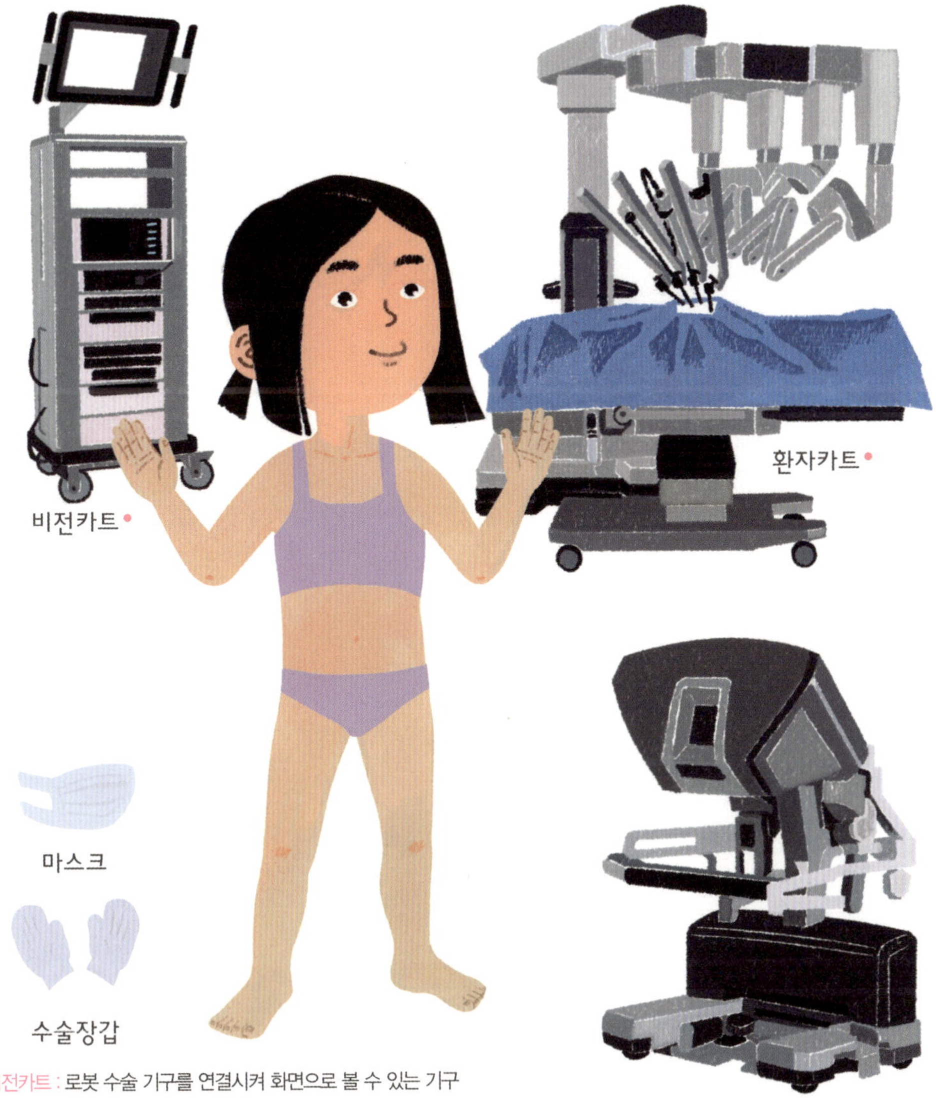

- 비전카트
- 환자카트
- 마스크
- 수술장갑
- 집도의 조종간

● **비전카트** : 로봇 수술 기구를 연결시켜 화면으로 볼 수 있는 기구
● **환자카트** : 환자가 수술을 받는 침대
● **집도의 조종간** : 수술을 하는 의사가 앉아서 카메라를 통해 수술 기구를 조종하는 곳

> **적성과 능력**
>
> 리더십과 책임감 있는 성격이 적합해요. 위급한 상황에서 효과적으로 대처할 수 있는 문제해결과 치료 방법에 대한 분석과 판단력이 필요해요. 정교한 손동작을 할 수 있는 꼼꼼함과 세심함도 갖추어야 해요.

12 생명공학자

생명공학이란 무엇일까요?
인간과 동물, 식물 등의 세포 내에서 생명체 활동의 기본 현상과 원리를 인위적으로 조작하는 기술을 말해요. 유전자의 재조합, 세포 융합 등의 기술을 의료에 적용해요. 또는 새로운 품종을 만들거나 개량하는 등 다양한 분야에 응용하고 있어요. 인간의 여러 가지 문제를 해결하며 건강과 행복을 가져다줄 미래의 핵심 기술이라고 할 수 있어요.

생명공학자는 어떤 일을 할까요?
살아 있는 생명체를 해부하고 분석해서 인간에게 도움이 되는 일을 해요. 인간의 유전자를 연구 분석해서 난치병을 예방하고 약이나 치료 기술을 개발해요. 동물을 복제하거나 연구해서 병을 치료하는 방법을 개발해요. 예방 주사약을 개발하거나 동물, 식물을 검역하는 일도 해요. 식물의 세포나 조직 배양 기술과 병충해를 막을 방법을 연구해서 식량 문제를 해결해요.

그림으로 보는 '일하는 현장'

실험을 준비하고 있는 생명공학자의 모습을 스티커로 완성해 보세요.

스포이트

실험용 실린더

연구 기록

현미경

기록지

안전고글   보호장갑

> **적성과 능력**
> 사람과 사회에 대한 사랑과 도덕성을 갖추어야 해요. 분석적이고 책임감이 강한 성격이 적합해요. 추리력과 수리력이 높아야 해요. 생물학, 미생물학, 생명공학, 유전자공학 등의 공부를 해야 해요.

13 노년플래너

노년플래너에 대해 알아볼까요?

우리나라는 현재 빠르게 초고령화 사회가 되어 가고 있어요. 노인 인구가 증가하면서 노후를 제대로 준비하지 않은 노령층의 문제가 커지고 있어요. 신체적, 정신적으로 약해지고 사회생활이 힘들어지기 때문이에요. 노인들의 상황과 특징을 잘 알고 남은 인생을 행복하게 살 수 있도록 돕는 전문가를 노년플래너라고 해요.

노년플래너는 어떤 일을 할까요?

노인들의 외로움과 경제적 빈곤과 같은 문제 해결을 도와주어요. 노후를 건강하게 살 수 있는 방법, 재산을 관리하는 방법을 알려 주어요. 그리고 가족들과 좋은 관계를 유지하며 행복하게 살 수 있도록 계획을 세우고 준비하게 해 주어요. 노인들도 사회 구성원으로서 역할을 해낼 수 있도록 변화해 가는 사회에 적응할 수 있게 도와주어요. 예를 들면 스마트폰 사용법이나 온라인으로 활동할 수 있는 방법을 알려 주어요.

그림으로 보는 '일하는 현장'

어떤 문제가 있는지 상담을 해 주어요.

몸 상태에 맞는 운동 방법을 알려 주어요.

스마트폰 사용법을 알려 주어요.

상담을 해 주고 있는 노년플래너의 모습을 스티커로 완성해 보세요.

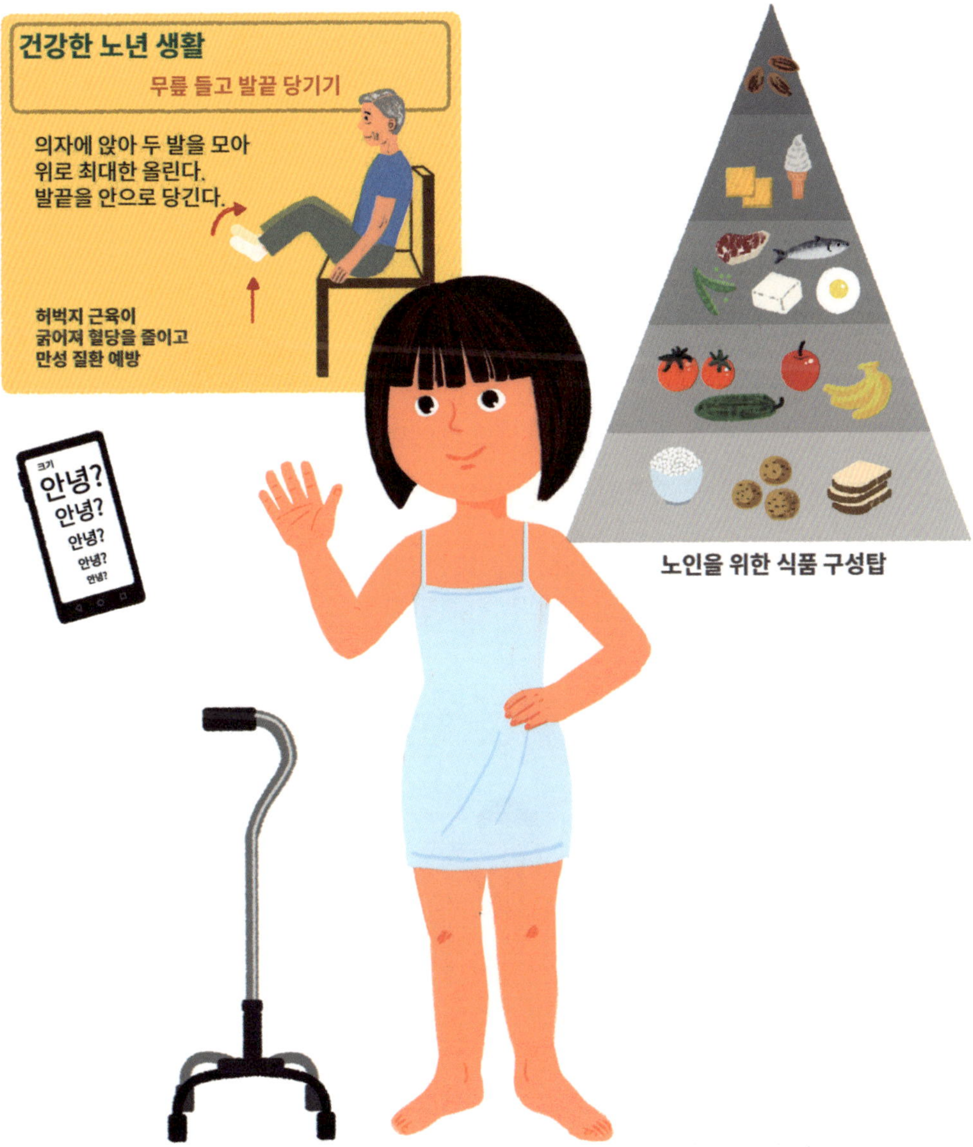

건강한 노년 생활
무릎 들고 발끝 당기기
의자에 앉아 두 발을 모아 위로 최대한 올린다.
발끝을 안으로 당긴다.
허벅지 근육이 굵어져 혈당을 줄이고 만성 질환 예방

노인을 위한 식품 구성탑

> **적성과 능력**
> 배려심, 사회성을 갖춘 개방적인 성격이 적합해요. 문제 해결이나 서비스, 관리 능력이 필요해요. 노인들의 정신적, 신체적 특성을 잘 이해할 수 있는 공감 능력이 필요해요. 사회복지 분야에 관심을 가지고 지식을 쌓아야 해요. 실버용품, 의료정보 등에 대해서도 잘 알아야 해요.

14 수의사

수의사에 대해 알아볼까요?

사회가 고령화되고 1인 가구가 많아지면서 반려동물을 키우는 사람들이 늘어나고 있어요. 반려동물들이 건강하게 잘 자라기 위해서는 수의사의 도움이 필요해요. 반려동물은 주로 도시의 동물병원에서 근무하는 수의사가 치료해요. 소, 말, 돼지, 닭, 오리 등 큰 동물과 식용이나 특수한 목적으로 기르는 동물을 전문적으로 치료하는 수의사도 있어요.

수의사는 어떤 일을 할까요?

동물의 아픈 곳을 치료하거나 수술을 해 주어요. 질병의 원인을 파악하고 반려인과 상담하며 처방을 해 주어요. 필요하면 엑스레이나 초음파, 혈액 검사도 해요. 동물의 품종 개량이나 동물에서 시작되는 전염병이 사람들에게 옮기지 않도록 검역과 방역에 관련된 일도 해요. 외국에서 수입하는 쇠고기, 돼지고기, 닭고기 등 식품의 품질을 검사해요. 버려진 동물이나 동물 보호와 관련된 활동을 해요.

그림으로 보는 '일하는 현장'

다친 강아지를 진료해요.

소나 말 같은 대동물을 치료해요.

동물 전염병의 방역에 참여해요.

동물병원에서 동물을 진료하는 수의사의 모습을 스티커로 완성해 보세요.

차트판

x-ray 사진

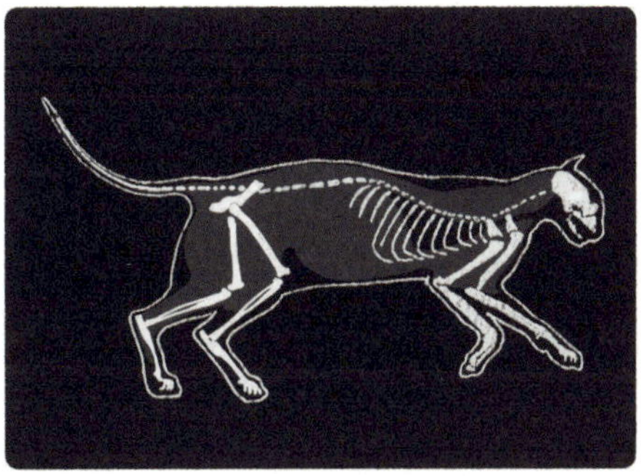

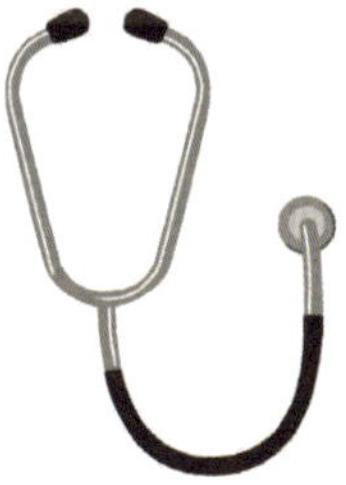

청진기

> **적성과 능력**
> 책임감과 인내심 있는 성격이 적합해요. 동물을 아끼고 사랑하는 마음이 중요해요. 반려인과 소통하고 배려하는 자세가 필요해요. 응급상황에 대처하는 위기대응 능력을 갖추어야 해요.

15 1인크리에이터

크리에이터에 대해 알아볼까요?

온라인 플랫폼에 콘텐츠를 제작해서 올리는 사람을 말해요. 유튜브에서 동영상을 만들어 내는 유튜버들을 중심으로 활성화되기 시작했어요. 여러 분야의 영상들이 올라오지만 음악, 게임, 뷰티, 음식 분야가 많은 인기를 얻고 있어요. 개인미디어 영상을 기획하고 제작하는 사람을 1인크리에이터라고 해요.

1인크리에이터는 어떤 일을 할까요?

여러 사람이 함께 일하는 방송 제작을 혼자서 해요. 방송할 콘텐츠의 주제를 잡은 다음 자료를 모아요. 개인적인 취미나 관심을 주제로 하기도 하지만 시청자들의 관심사를 기획하기도 해요. 방송을 위한 프로그램의 구성과 진행도 미리 짜 놓아야 해요. 진행 방식, 출연자 섭외, 대본 등을 준비해요. 영상을 촬영한 후에 재미나 완성도를 높이기 위해 영상 편집을 해요. 인기와 신뢰를 얻으려면 정해 놓은 시간에 영상을 업로드하는 것이 좋아요. 때로는 실시간으로 시청자와 소통하기도 해요.

그림으로 보는 '일하는 현장'

준비한 콘텐츠로 영상을 촬영해요.

출연자를 섭외해요.

영상 편집을 해요.

촬영 장비 앞에서 방송하는 크리에이터의 모습을 스티커로 완성해 보세요.

마이크

조명

셀카봉과 핸드폰

삼각대

카메라

노트북

> **적성과 능력**
> 혁신적이며 독립적인 성격이 적합해요. 분석력과 창의력, 의사소통 능력이 좋아야 해요. 끊임없이 새로운 콘텐츠와 아이템을 찾고 만들어 내는 인내심과 성실성을 갖추어야 해요.

16 웹툰작가

웹툰은 무슨 뜻일까요?

웹툰이란 네이버, 다음 등의 플랫폼 매체에 연재하는 디지털 만화를 말해요. 우리나라에서 만들어진 단어로 스마트폰이 보급되면서 급성장했어요. 시간과 공간의 제약 없이 다양한 콘텐츠와 결합시키며 우리나라 웹툰은 세계적으로 인정 받고 있어요.

웹툰작가는 어떤 일을 할까요?

그려야 할 웹툰과 관련된 자료를 조사해요. 등장인물, 이야기, 주제를 구성해요. 구상이 끝나면 만화를 그려요. 웹툰은 포토샵, 일러스트레이터, 사이툴 등의 프로그램을 이용해서 그려요. 스케치 작업을 먼저 하고 나서 채색을 하고 배경을 그려 넣어요. 보조를 해 주는 사람과 함께 작업하기도 하지만 기획, 스토리, 그림의 과정을 혼자서 해내요.

그림으로 보는 '일하는 현장'

이야기를 구상해요.

자료 조사를 해요.

네이버 등 플랫폼에 작품을 올려요.

컴퓨터를 이용해 만화를 그리는 작가의 모습을 스티커로 완성해 보세요.

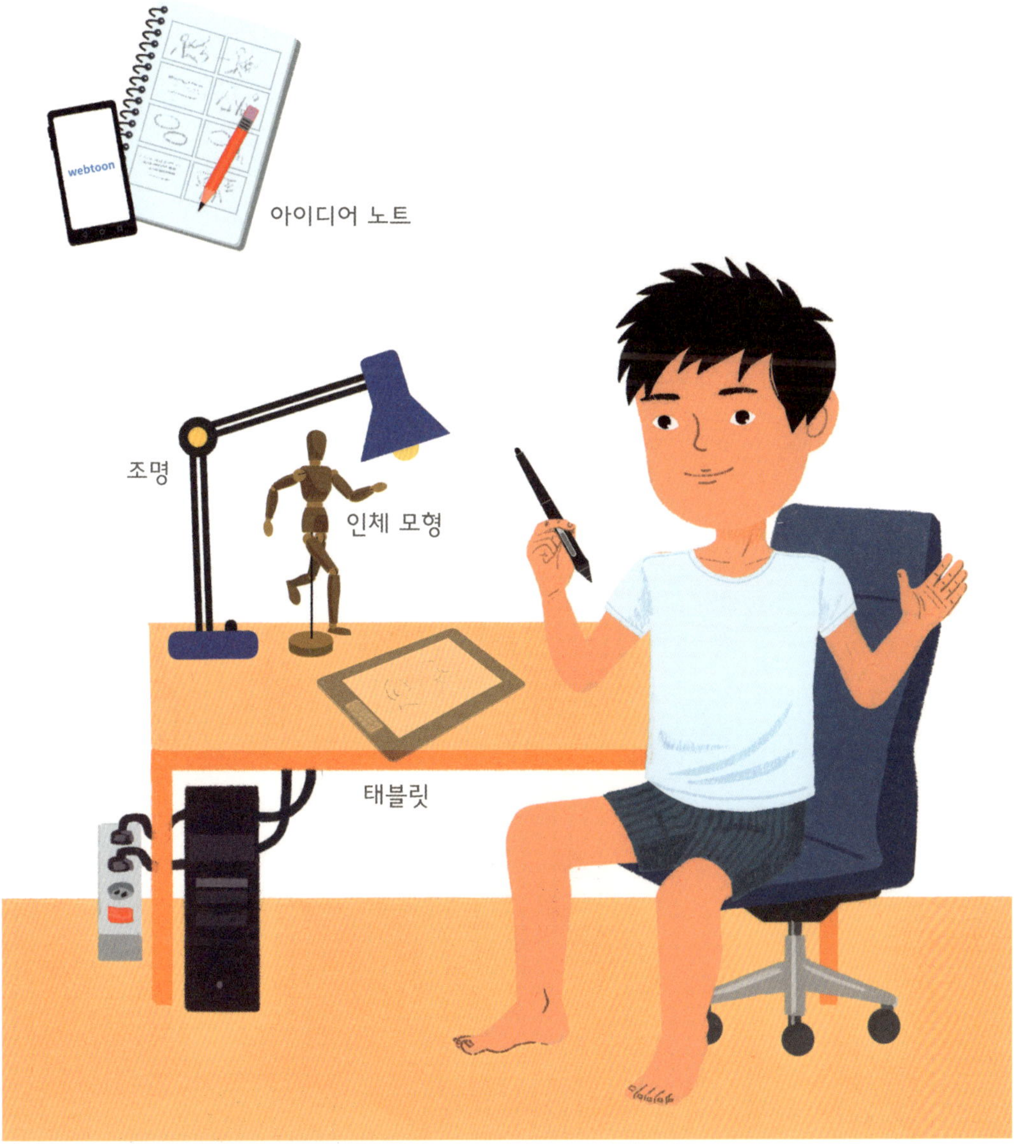

아이디어 노트

조명

인체 모형

태블릿

> **적성과 능력**
> 호기심과 예술적 감수성이 풍부한 성격이 적합해요. 창의력, 상상력, 관찰력이 좋아야 해요. 미술을 전공하지 않아도 웹툰작가로 활동할 수 있어요. 공모전에 참여하거나 블로그, 플랫폼에 웹툰을 올리는 것으로 시작할 수 있어요.

17 배우

배우에 대해 알아볼까요?

배우는 드라마 영화, 연극 등에 출연해서 연기하는 전문가를 말해요. 자신이 가진 끼와 재능을 사람들에게 보여 주는 일을 해요. 〈기생충〉, 〈오징어게임〉, 〈파친코〉 등을 통해 한류 콘텐츠가 인정 받고 화제가 되고 있는데, 그 중심에는 배우들이 있어요.

배우는 어떤 일을 할까요?

방송사의 공채 시험, 혹은 오디션에 합격한 후 드라마, 연극, 영화에 출연하며 활동해요. 광고 모델이나 방송 관련 일을 하다가 출연 기회를 얻기도 해요. 뮤지컬을 하기도 하고 애니메이션 영화의 성우로 목소리 연기를 하기도 해요. 사람들에게 보여 주는 일을 하기 때문에 바른 행동과 심성으로 모범이 되는 일을 해야 해요.

그림으로 보는 '일하는 현장'

대본을 읽으며 캐릭터를 분석해요.

애니메이션 영화에서 목소리 연기를 해요.

영화 시사회에 나가 홍보를 해요.

카메라 앞에서 연기하는 배우의 모습을 스티커로 완성해 보세요.

카메라

촬영감독

슬레이트

휴식용 의자

● 슬레이트: 영화를 촬영할 때 사용하는 보드로 영화감독, 날짜, 테이크 넘버 등을 기록하기도 하는 도구

적성과 능력

성실하며 인내심이 있고 사교적인 성격이 적합해요. 자기관리, 대인관계 능력이 필요해요. 맡은 배역을 분석하여 자신만의 캐릭터로 소화할 수 있어야 해요. 다양한 인물을 소화해 내기 위해서 공감 능력이 필요해요. 연기에 대한 열정과 사랑이 있어야 해요.

18 패션디자이너

패션디자이너에 대해 알아볼까요?

패션은 사람들이 자신을 표현하는 방법 중의 하나예요. 사람들은 아름답게, 혹은 개성적으로 자신만의 패션 스타일을 만들고 싶어 해요. 이런 욕구를 만족시켜 주는 사람이 바로 패션디자이너예요. 패션은 시대와 장소, 각 나라의 문화와 특색에 따라 달라지기 마련이에요.

패션디자이너는 어떤 일을 할까요?

옷을 만들기 위해 시장을 조사하고 분석하며 자료를 찾아요. 트렌드에 맞게, 혹은 새로운 유행을 이끌어 갈 옷을 구상해요. 옷의 형태와 색감을 미리 그려 본 다음 원단과 부속품을 결정해요. 샘플 작업을 한 다음 사람들의 반응과 의견을 종합해서 수정·보완 작업을 해요. 디자인 후에는 재단사나 봉재사와 같은 사람들의 도움을 얻어 옷을 완성해요. 제작이 끝나면 전시, 패션쇼를 기획하기도 해요.

그림으로 보는 '일하는 현장'

길거리에서 사람들의 패션을 관찰해요.

옷을 디자인하고 제작해요.

패션쇼를 기획하고 진행해요.

샘플 옷을 준비하는 디자이너의 모습을 스티커로 완성해 보세요.

재봉틀

재봉실

다리미

가봉마네킹

바늘꽂이

옷걸이

가위

줄자

● **가봉마네킹** : 옷을 완성하기 전에 잘 맞을지 확인하기 위해 입혀 보는 사람 모형

적성과 능력

변화를 추구하는 창의적이고 자율적인 성격이 적합해요. 꼼꼼하고 세심한 관리 능력이 필요해요. 색채나 미적 감각이 있어야 해요. 표현 능력이나 손기술이 좋으면 많은 도움이 돼요.

19 건축가

건축가에 대해 알아볼까요?

사람들이 필요로 하는 편리하거나 아름다운 건물을 지어 주는 사람을 건축가라고 해요. 자연이나 주변 환경과 잘 어우러지는 멋진 건물은 사람들에게 감동을 주어요. 잘 만들어진 건물들은 도시, 혹은 나라의 이미지를 결정하기도 해요.

건축가는 어떤 일을 할까요?

환경과 구조 등을 고려해서 건물을 구상하고 설계해요. 건물의 용도를 잘 알고 그에 맞는 디자인을 정해요. 설계는 안전한 구조로 경제적이면서 기능을 살릴 수 있어야 해요. 건설사가 설계에 따라 시공을 잘 하는지도 확인해요. 건축물이 완성되기까지 기능공, 산업기사 등 여러 사람들과 협력하며 일해요. 앞으로는 정보통신기술과 융합하여 만든 미래형 도시, 친환경 건물, 대체에너지를 접목한 건축물에 대해 잘 알고 적용할 줄 알아야 해요.

그림으로 보는 '일하는 현장'

건축물을 구상해요.

설계도에 따라 모형을 만들어요.

건축물을 완성해요.

설계도를 그리고 있는 건축가의 모습을 스티커로 완성해 보세요.

컴퍼스

삼각자

각도조절자

> **적성과 능력**
> 분석적이며 진취적인 성격이 적합해요. 창의적이고 변화를 시도하는 것을 두려워하지 않아야 해요. 공간지각력과 미적 감각이 있어야 해요. 열정과 인내, 체력이 필요해요.

20 1인창업가

창업가에 대해 알아볼까요?

창업은 사업을 시작하는 것을 말해요. 소자본으로 매장 없이 온라인만으로도 사업이 가능해요. 앞으로는 혼자서 자유롭게 원하는 장소에서 원하는 만큼 일하는 방식을 추구하는 1인창업가들이 많아질 거예요. 인터넷 환경은 물론이고 3D프린터 보급이 일반화되면 누구든 창업하기 쉬워져요.

1인창업가는 어떤 일을 할까요?

기본적인 목표를 정하고 목표를 달성하기 위한 전략을 계획해요. 출퇴근이 자유로운 만큼 성과를 내는 데 집중해서 일해요. 자신의 일과 관련된 정보를 수집하고 분석하는 일을 해요. 변해 가는 트렌드를 잘 파악해서 경쟁력을 높여요. 경영에서부터 마케팅까지 전반적인 업무를 계획하고 실행해요. 업무 진행 과정을 시스템으로 구축해서 더 지속적이고 안정적으로 일할 수 있는 환경을 만들어요.

그림으로 보는 '일하는 현장'

자료를 모으고 분석해요.

목표한 일을 실행하고 관리해요.

일과 관련된 사람들을 만나 회의를 해요.

혼자서 자유롭게 일하는 1인창업가의 모습을 스티커로 완성해 보세요.

노트북
계산기
태블릿
서류가방

> **적성과 능력**
> 리더십을 가진 도전적인 성격이 적합해요. 정보를 수집하고 분석할 줄 아는 능력이 필요해요. 판단력과 협상 능력을 갖추고, 자기관리를 잘해야 해요. 사람들이 필요로 하는 것을 제공하려면 사람들을 이해하고 공감하는 능력이 있어야 해요.

드론의 구조

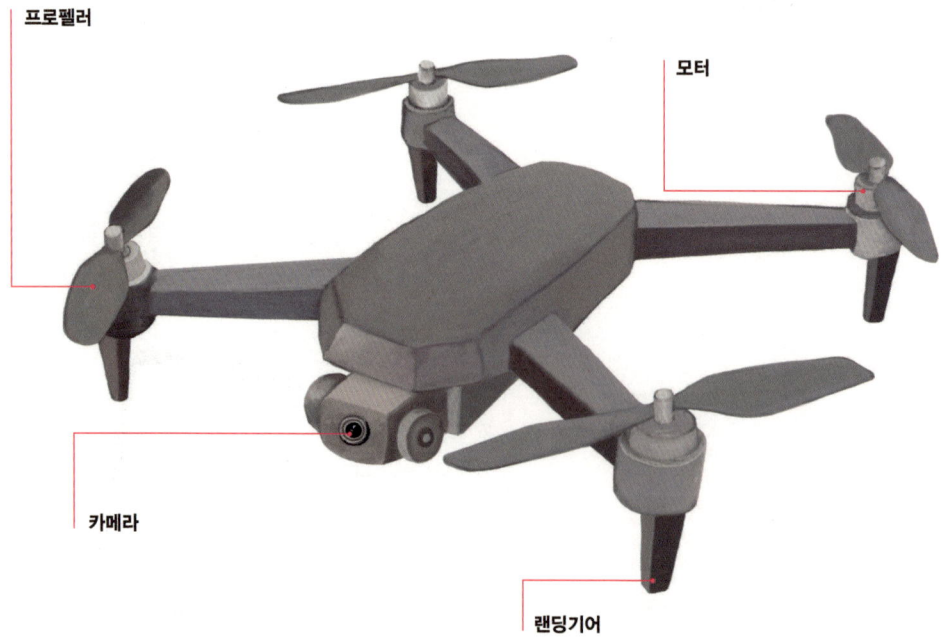

프로펠러 드론이 공중에 뜰 수 있도록 빠른 속도로 회전해요.
모터 프로펠러가 회전할 수 있게 해 주어요.
카메라 공중에서 촬영하기 위한 장비예요. 용도에 따라 다른 장비를 설치할 수 있어요.
랜딩기어 드론이 착륙할 때 충격을 흡수해요.

3D프린터기의 구조

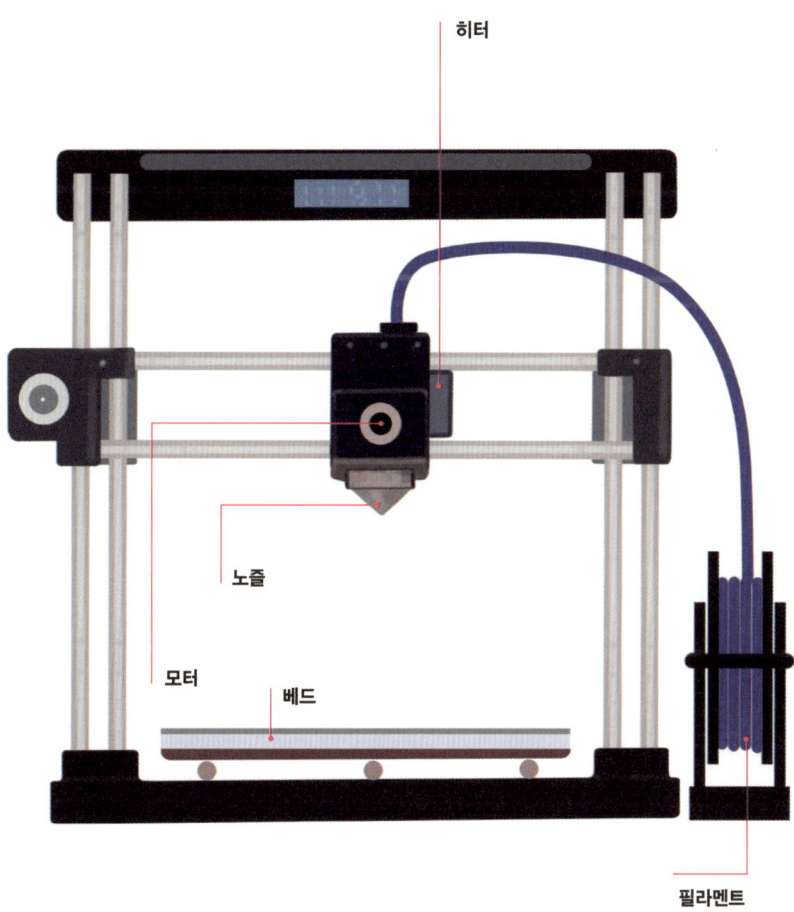

히터 필라멘트에 열을 가해서 녹게 만들어요.
노즐 녹은 상태의 필라멘트가 나오는 작은 구멍이에요.
모터 노즐을 움직이게 해 주어요.
베드 필라멘트가 한 층씩 쌓이는 자리예요.
필라멘트 일반 프린터에서 잉크처럼 결과물을 만드는 기본 재료예요. 이것을 높은 온도로 녹여 물건을 만들어 낼 수 있어요.

팝팝진로맵연구소

팝팝진로맵연구소는 현재 유아교육기관 전문지원센터인 〈다비즈〉와의 상호 협력으로 아이들의 진로와 관련된 콘텐츠와 교구를 개발·제작하고 있다.

팝팝진로맵연구소장은 출판과 진로 관련 교육활동을 꾸준히 해오고 있으며, 서울특별시 교육청의 학부모 진로코치 지원단 위원, 진로적성지도사로도 활동 중이다.

번역서로 『나의 가족과 친구들』, 『재미 가득 창의력 쑥쑥 팝업북 만들기(전2권)』 등이 있다.

그림과 스티커로 체험하는 **미래직업**

1판 1쇄 발행 2023년 4월 5일

기획 팝팝진로맵연구소
펴낸이 김연순

표지 및 본문 일러스트 여미경
표지 디자인 나무디자인 정계수
본문 디자인 이인선

펴낸곳 도서출판 팝팝북
등록 2020년 3월 3일(제2020-000138호)
주소 경기도 파주시 송학1길 158-22 102-101
전화 070-8807-7750
팩스 031-947-7750
전자우편 popopbook@naver.com

홈페이지 www.popopbook.com
블로그 http://blog.naver.com/popopbook

ISBN 979-11-970113-3-7 73300

＊책 가격은 뒤표지에 있습니다.
＊잘못된 책은 구입한 곳에서 바꿔 드립니다.

 자율안전확인신고필증번호 CB062H078-1001
1. 품명: 어린이 완구 2. 모델명: 팝팝북 진로교재 3. 제조연월일: 2023. 4. 4. 제조사: 도서출판 팝팝북
5. 사용연령: 만 6세 이상 6. 제조국: 한국 7. 주의·경고: 책 모서리에 다치지지 않도록 주의하세요.